ORDONNANCES ET ARRÊTÉS

RELATIFS

AUX SALLES D'ASILE.

Ordonnance du roi relative à la création des salles d'asile (22 décembre 1837).

LOUIS-PHILIPPE, roi des Français.

À tous présents et à venir, salut.

Vu la loi du 28 juin 1833, sur l'instruction primaire, ensemble nos ordonnances des 16 juillet et 8 novembre de la même année, pour l'exécution de ladite loi ;

Vu notre ordonnance du 23 juin 1836 sur les écoles de filles ;

Vu la délibération du conseil royal de l'instruction publique ;

Sur le rapport de notre ministre secrétaire d'Etat au département de l'instruction publique ;

Nous avons ordonné et ordonnons ce qui suit :

TITRE Ier.

Des salles d'asile en général.

Art. 1er. Les salles d'asile, ou écoles du premier âge, sont des établissements charitables où les enfants des deux sexes peuvent être admis jusqu'à l'âge de six ans accomplis, pour recevoir les soins de surveillance maternelle et de première éducation que leur âge réclame.

Il y aura dans les salles d'asile des exercices qui comprendront nécessairement les premiers principes de l'instruction religieuse, et les notions élémentaires de la lecture, de l'écriture, du calcul verbal. On pourra y joindre des chants instructifs et moraux, des travaux d'aiguille et tous les ouvrages de main.

Art. 2. Les salles d'asiles sont ou publiques ou privées.

Art. 3. Les salles d'asile publiques sont celles que soutiennent, en tout ou en partie, les communes, les départements ou l'Etat.

Art. 4. Nulle salle d'asile ne sera considérée comme publique qu'autant qu'un logement et un traitement convenables auront été assurés à la pertonne chargée de tenir l'établissement, soit par des fondations, donations ou legs, soit par des délibérations du conseil général ou du conseil municipal dûment approuvées.

TITRE II.

De la direction des salles d'asile.

Art. 5. Les salles d'asile peuvent être dirigées par des hommes ; toutefois, une femme y est toujours préposée. Ces adjonctions sont permises dans des circonstances et des limites soigneusement déterminées. L'autorisation du recteur de l'académie sera nécessaire. Elle ne sera donnée que sur une demande du comité local et sur l'avis du comité d'arrondissement, de l'inspecteur des écoles primaires, et du curé ou pasteur du lieu.

Art. 6. Les directeurs et directrices des salles d'asile prennent le nom de surveillants et de surveillantes.

Les dispositions des art. 5, 6 et 7 de la loi du 28 juin 1833[1] sont applicables aux surveillants et surveillantes des salles d'asile.

1. Art. 5. Sont incapables de tenir école, les condamnés à des peines afflictives ou infamantes; les condamnés pour vol, escroquerie, banqueroute, abus de confiance ou attentat aux mœurs, et les individus qui auront été privés, par jugement, de tout ou partie des droits de famille mentionnés aux paragraphes 5 et 6 de l'art. 42 du Code pénal; les individus interdits en exécution de l'art. 7 de la présente loi.

Art. 6. Quiconque aura ouvert une école primaire en contravention à l'art. 5, ou sans avoir satisfait aux conditions prescrites par l'art. 4 de la présente loi, sera poursuivi devant le tribunal correctionnel du lieu du délit, et condamné à une amende de 50 à 200 fr.; l'école sera fermée. En cas de récidive, le délinquant sera condamné à un emprisonnement de quinze à trente jours et à une amende de 100 à 400 fr.

Art. 7. Tout instituteur privé, sur la demande du comité mentionné dans l'art. 19 de la présente loi, ou sur la poursuite du ministère public, pourra être traduit, pour cause d'inconduite ou d'immoralité, devant le tribunal civil de l'arrondissement, et être interdit

Art. 7. A l'avenir, on ne pourra être surveillant ou surveillante de salle d'asile à moins d'être âgé de vingt-quatre ans accomplis. Sont exceptés de cette disposition la femme ou la fille, les fils, frères ou neveux du surveillant ou de la surveillante, lesquels pourront être employés, sous son autorité, à l'âge de dix-huit ans accomplis. Toute autre exception exige l'autorisation du recteur.

Art. 8. Tout candidat aux fonctions de surveillant ou surveillante d'asile, outre les justifications de son âge, devra présenter les pièces suivantes :

1° Un certificat d'aptitude ;

2° Un certificat de moralité ;

3° Une autorisation pour un lieu déterminé.

Art. 9. Le certificat d'aptitude est délivré, conformément aux dispositions de la loi du 28 juin 1833, après les épreuves soutenues devant les commissions d'examen spécifiées au titre suivant.

Nul ne sera admis devant la commission d'examen sans avoir produit, au préalable, son acte de naissance et le certificat de moralité.

Art. 10. Les certificats de moralité constatent que

de sa profession à temps ou à toujours. Le tribunal entendra les parties, et statuera sommairement en chambre du conseil. Il en sera de même sur l'appel, qui devra être interjeté dans le délai de dix jours, à compter du jour de la notification du jugement, et qui, en aucun cas, ne sera suspensif. Le tout sans préjudice des poursuites qui pourraient avoir lieu pour crimes, délits ou contraventions prévus par les lois.

l'impétrant ou l'impétrante est digne, par sa bonne conduite et sa bonne réputation, de se livrer à l'éducation de l'enfance.

Les certificats de moralité sont délivrés conformément à l'art. 6 de l'ordonnance du 23 juin 1836[1].

Le certificat, donné dans la dernière résidence, ne pourra avoir plus d'un mois de date.

Art. 11. Sur le vu et le dépôt de ces pièces, l'autorisation d'exercer dans un lieu déterminé est délivré par le recteur de l'académie, en se conformant aux dispositions des art. 7 et 11 de l'ordonnance du 23 juin 1836[2].

1. Art. 6. Aucune postulante ne sera admise devant la commission d'examen, si elle n'est âgée de vingt ans au moins. Elle sera tenue de présenter : 1º son acte de naissance ; si elle est mariée, l'acte de célébration de son mariage ; si elle est veuve, l'acte de décès de son mari ; 2º un certificat de bonne vie et mœurs, délivré, sur l'attestation de trois conseillers municipaux, par le maire de la commune ou de chacune des communes où elle aura résidé depuis trois ans.

A Paris, le certificat sera délivré, sur l'attestation de trois notables, par le maire de l'arrondissement municipal ou de chacun des arrondissements municipaux où l'impétrante aura résidé depuis trois ans.

2. Art. 7. L'autorisation nécessaire pour tenir une école primaire de filles sera délivrée par le recteur de l'académie.

Cette autorisation, sauf le cas prévu par l'art. 13, sera donnée, après avis du comité local et du comité d'arrondissement, sur la présentation du brevet de capacité et d'un certificat attestant la bonne conduite de

Art. 12. Les pièces ci-dessus ne sont pas exigées pour l'autorisation dans les cas prévus par l'art. 13 de l'ordonnance du 23 juin 1836[1].

TITRE III.
Des commissions d'examen.

Art. 13. Il y aura, dans chaque département, une ou plusieurs commissions de mères de famille, chargées d'exercer, en ce qui touche l'examen des candidats aux fonctions de surveillants ou de surveillantes d'asile, les attributions conférées, par l'art. 25 de la loi du 28 juin 1833[2], aux commissions d'examen pour l'instruction primaire.

la postulante depuis l'époque où elle aura obtenu le brevet de capacité.

Art. 11. Les dispositions des art. 4 et suivants de la présente ordonnance, relatives au brevet de capacité et à l'autorisation, sont applicables aux écoles primaires publiques.

Toutefois, à l'égard de ces dernières, le recteur devra se faire remettre, outre les pièces mentionnées en l'art. 6, une expédition de la délibération du conseil municipal qui fixera le sort de l'institutrice.

1. Art. 13. Les institutrices appartenant à une congrégation religieuse dont les statuts, régulièrement approuvés, renfermeraient l'obligation de se livrer à l'éducation de l'enfance, pourront être autorisées par le recteur à tenir une école primaire élémentaire, sur le vu de leurs lettres d'obédience et sur l'indication, par la supérieure, de la commune où les sœurs seraient appelées.

2. Art. 25. Il y aura dans chaque département une

Ces commissions délivreront les certificats d'aptitude prescrits par l'art. 8 de la présente ordonnance.

Elles en prononceront le retrait dans les cas prévus en l'art. 24.

Art. 14. Les commissions d'examen seront prises parmi les dames inspectrices, dont il sera parlé au titre suivant. Leur nombre ne pourra être moindre de cinq.

Le préfet les nomme.

Chaque commission sera placée sous la présidence d'un membre du conseil académique ou de la commission d'examen pour l'instruction primaire. Le président est à la nomination du recteur, ainsi que le secrétaire. A Paris, il prend séance dans la commission supérieure dont il est parlé ci-après.

Art. 15. Les commissions se réuniront à des époques déterminées par le recteur. Elles recevront de lui les programmes d'examen et toutes les instructions nécessaires.

Art. 16. Il sera institué une commission supé-

ou plusieurs commissions d'instruction primaire chargées d'examiner tous les aspirants aux brevets de capacité, soit pour l'instruction primaire élémentaire, soit pour l'instruction primaire supérieure, et qui délivreront lesdits brevets sous l'autorité du ministre. Ces commissions seront également chargées de faire les examens d'entrée et de sortie des élèves de l'école normale primaire. Les membres de ces commissions seront nommés par le ministre de l'instruction publique.

rieure d'examen pour les salles d'asile, chargée de rédiger, pour tout le royaume, le programme des examens d'aptitude, celui de la tenue des salles d'asile, des soins qui y seront donnés et des exercices qui y auront lieu.

Ces programmes seront soumis à notre conseil royal de l'instruction publique, et devront être approuvés par notre ministre de l'instruction publique.

La commission supérieure des asiles donnera son avis sur les livres qui pourront être considérés comme particulièrement propres aux salles d'asile, entre ceux qui sont approuvés par notre conseil royal pour l'instruction primaire. Dans aucune salle d'asile, à quelque titre et par quelques personnes qu'elle soit tenue, il ne pourra être fait usage de livres autres que ceux qui auront été ainsi déterminés.

La commission supérieure pourra également, sous l'autorité de notre ministre, préparer toutes les instructions propres à propager l'institution des salles d'asile, à assurer l'uniformité des méthodes et à fournir des directions pour le premier établissement des salles qui seront fondées, soit par les particuliers, soit par les communes.

Art. 17. La commission supérieure des asiles est composée de dames faisant ou ayant fait partie des commissions d'examen. Elle est nommée par notre ministre de l'instruction publique, et placée sous la présidence d'un membre du conseil royal de l'instruction publique qu'il désignera, ainsi que le secrétaire. La commission supérieure siége au chef-lieu de l'université.

TITRE IV.

Des autorités préposées aux salles d'asile.

Art. 18. Les comités locaux, les comités d'arrondissement, et, à Paris, le comité central, exerceront sur les salles d'asile toutes les attributions de surveillance générale, de contrôle administratif et de pouvoir disciplinaire dont ils sont revêtus par la loi sur l'instruction primaire, sauf les dérogations qui sont contenues aux art. 21 et 22 de la présente ordonnance.

Art. 19. Des dames inspectrices seront chargées de la visite habituelle et de l'inspection journalière des salles d'asile. Il y aura une dame inspectrice pour chaque établissement. Elles pourront se faire assister par des dames déléguées qu'elles choisiront ; elles feront connaître leur choix au maire, à la diligence de qui les comités en seront informés.

Art. 20. Les dames inspectrices seront nommées sur la présentation du maire, président du comité local, par le préfet, qui a seul le droit de les révoquer. Les dames déléguées font partie, de droit, des listes de présentation.

Art. 21. Les dames inspectrices surveillent la direction des salles d'asile en tout ce qui touche à la santé des enfants, à leurs dispositions morales, à leur éducation religieuse et aux traitements employés à leur égard.

Elles provoquent, auprès des commissions d'examen, le retrait des brevets d'aptitude de tout surveillant ou de toute surveillante d'asile dont les habitudes, les procédés et le caractère ne seraient pas conformes à l'esprit de l'institution. Les présidents des comités sont informés, au préalable, de la proposition des dames.

Les dames inspectrices pourront, en cas d'urgence, suspendre provisoirement les surveillants ou surveillantes, en rendant compte sur-le-champ de la suspension et de ses motifs au maire, qui en référera dans les vingt-quatre heures, le comité local entendu, au comité d'arrondissement, et, à Paris, au président du comité central, qui maintient, abroge, limite la suspension.

Art. 22. Dans tous les cas de négligence habituelle, d'inconduite ou d'incapacité notoires et de fautes graves signalées par les dames inspectrices, le comité d'arrondissement, et, à Paris, le comité central, mandera l'inculpé et lui appliquera les peines de droit.

Art. 23. Les dames inspectrices seront chargées de l'emploi immédiat de toutes les offrandes destinées par les comités, par les conseils municipaux et départementaux, par l'administration centrale ou par les particuliers, aux salles d'asile de leur ressort; sauf, à l'égard des deniers publics, l'accomplissement de toutes les formalités prescrites pour la distribution de ces deniers.

Art. 24. Les dames inspectrices feront, au moins une fois par trimestre, et plus souvent si les circonstances l'exigent, un rapport au comité local, qui en référera au comité d'arrondissement, et, à Paris, au comité central. Ce rapport comprendra tous les faits et toutes les observations propres à faire apprécier la direction matérielle et morale de chaque salle d'asile, et ses résultats de toute nature.

Ce rapport pourra contenir toutes les réclamations qu'elles croiraient devoir élever dans l'intérêt de la discipline, de la religion, de la salubrité, de la bonne administration de l'établissement confié à leurs soins. En cas d'urgence, elles adresseraient directement leurs réclamations aux autorités compétentes.

Art. 25. Les dames inspectrices, quand elles le jugeront utile, auront la faculté d'assister à la discussion de leurs rapports dans les comités ; elles y auront, en ce cas, voix délibérative.

Art. 26. Il pourra y avoir des dames inspectrice, permanentes, rétribuées sur les fonds départementaux ou communaux. Elles porteront le titre de *déléguées spéciales* pour les salles d'asile. Les déléguées spéciales seront nommées par le recteur, sur la présentation des comités d'arrondissement, et, à Paris, par notre ministre de l'instruction publique, sur la présentation du comité central ; elles pourront siéger avec voix délibérative dans les comités et dans les commissions d'examen.

Art. 27. Il y aura, près la commission supérieure, une inspectrice permanente rétribuée sur les fonds du ministère de l'instruction publique, laquelle portera le titre de *déléguée générale* pour les salles d'asile, et sera nommée par le ministre de l'instruction publique. Elle aura droit d'assister, avec voix délibérative, à toutes les séances de la commission supérieure et des autres commissions d'examen.

Art. 28. Les salles d'asile sont spécialement soumises à la surveillance des inspecteurs et des sous-inspecteurs de l'instruction primaire. Les inspecteurs d'académie devront les comprendre dans le cours de leurs tournées.

Art. 29. Dans les cas prévus par les paragraphes 2 et 3 de l'art. 21 et par l'art. 22, les membres des comités exercent l'autorité spécifiée auxdits articles et dans les mêmes formes.

TITRE V.
Dispositions transitoires.

Art. 30. Les personnes qui dirigent actuellement des salles d'asile publiques ou privées, en vertu d'autorisations régulièrement obtenues, pourront continuer à tenir leurs établissements, sans avoir besoin d'un nouveau titre, si d'ici au 1er avril prochain le retrait de leur autorisation n'a pas été provoqué et obtenu par les comités ou par les commissions d'examen.

Fait à Paris, le 22 décembre 1837.

LOUIS-PHILIPPE.

Par le roi : *Le ministre de l'instruction publique,*

SALVANDY.

Arrêté du conseil royal de l'instruction publique, approuvé par le ministre, relatif aux examens d'aptitude pour les salles d'asile (6 février 1838).

Le conseil,

Sur le rapport de M. le conseiller chargé de l'instruction primaire ;

Vu l'article 16 de l'ordonnance du 22 décembre 1837, qui autorise la commission supérieure des salles d'asile à proposer au conseil royal et au ministre de l'instruction publique le programme des examens d'aptitude nécessaires pour exercer les fonctions de surveillants ou de surveillantes des salles d'asile ;

Vu le projet de programme dressé par la commission supérieure dans la séance du 14 janvier 1838 ;

Arrête ainsi qu'il suit le programme général des examens d'aptitude :

Art. 1er. Les commissions d'examen instituées par l'article 13 de l'ordonnance royale du 22 décembre 1837 devront, par toute espèce de renseignements et d'informations, s'assurer du zèle, de l'activité, de la conduite irréprochable et des principes moraux et religieux des aspirants aux fonctions de surveillants et de surveillantes des salles d'asile.

Art. 2. Lorsque cette première épreuve aura été favorable aux candidats, les commissions leur feront subir les deux examens ci-après indiqués : 1° un examen pratique; 2° un examen d'instruction.

Art. 3. L'examen pratique se composera d'un nombre indéterminé d'épreuves qui auront lieu dans les salles d'asile désignées par la commission d'examen, en présence de trois personnes au moins, membres ou déléguées des commissions d'examen.

Art. 4. L'examen d'instruction aura lieu en présence de cinq membres au moins de la commission d'examen, qui statueront après avoir entendu le rapport des personnes déléguées pour l'examen pratique.

L'examen définitif portera sur les matières d'enseignement attribuées aux salles d'asile par le § 2 de l'article 1ᵉʳ de l'ordonnance royale du 22 décembre 1837. Les examens auront lieu avec la publicité déterminée par l'ordonnance royale du 23 juin 1836, relative aux écoles primaires de jeunes filles, et par les instructions ultérieures [1].

Arrêté du conseil royal de l'instruction publique, approuvé par le ministre, relatif aux récompenses à décerner aux directeurs et directrices des salles d'asile (9 février 1838).

Le conseil,

Sur le rapport de M. le conseiller chargé des écoles primaires ;

Considérant qu'il est à propos de faire participer les surveillants et surveillantes des salles d'asile à la distribution des récompenses honorifiques accordées aux instituteurs primaires par les arrêtés du 15 juin 1818, du 7 février 1829 et du 28 avril 1837 ;

1. Art. 18. Il y aura dans chaque département une commission d'instruction primaire, chargée d'examiner les personnes qui aspireront aux brevets de capacité.

Les examens auront lieu publiquement.

Des dames inspectrices pourront faire partie desdites commissions.

Ces commissions délivreront des certificats d'aptitude d'après lesquels le recteur de l'académie expédiera le brevet de capacité, sous l'autorité du ministre.

Arrête ce qui suit :

Art. 1er. Il sera distribué, dans chaque département du royaume, une médaille en argent et deux médailles en bronze aux surveillants et surveillantes qui se seront distingués par leur zèle et leur intelligence, et par leur dévouement charitable et religieux, dans la direction et la tenue des salles d'asile confiées à leurs soins.

Il pourra, en outre, être accordé, dans chaque département, quatre mentions honorables.

Art. 2. Les médailles et les mentions honorables ci-dessus mentionnées sont décernées, chaque année, par une délibération du conseil académique, aux surveillants et surveillantes des asiles de chacun des départements dont l'académie se compose.

A cet effet, l'inspecteur de l'instruction primaire prendra connaissance des rapports faits aux comités d'arrondissement par les comités locaux, conformément à l'art. 24 de l'ordonnance du 22 décembre 1837, et il adressera, en conséquence, ses propositions au recteur, qui les présentera à la discussion du conseil académique.

Art. 3. Les listes de mérite que le conseil académique aura dressées, en exécution des articles précédents, seront transmises par le recteur, dans le mois de juillet de chaque année, et soumises à l'approbation du ministre en conseil royal.

Art. 4. La remise des médailles sera faite par la dame déléguée spéciale pour les salles d'asile, assistée des dames inspectrices et de leurs déléguées, aux surveillants et surveillantes qui auront mérité ces récompenses.

Le nom de l'impétrant sera gravé sur chaque médaille, aux frais de l'université.

Arrêté du conseil royal de l'instruction publique, approuvé par le ministre, relatif à l'organisation des salles d'asile (24 avril 1838).

Le conseil,

Sur le rapport de M. le conseiller chargé de l'instruction primaire :

Vu l'art. 16 de l'ordonnance du 22 décembre 1837, par lequel la commission supérieure des salles d'asile est autorisée à proposer au conseil royal de l'instruction publique le programme de la tenue des salles d'asile, des soins qui y seront donnés et des exercices qui y auront lieu ;

Vu le projet de programme dressé par la commission supérieure, dans sa séance du 19 février 1838 ;

Arrête ainsi qu'il suit le règlement général des salles d'asile :

TITRE Ier.

De la tenue des salles d'asile.

§ 1er. *Du local.*

Art. 1er. Les salles d'exercices destinées à recevoir les enfants seront situées au rez-de-chaussée, planchéiées, ou carrelées, ou airées en asphalte ou en salpêtre battu, et éclairées des deux côtés par des fenêtres qui auront leur base à deux mètres au moins du sol, avec châssis mobile.

Art. 2. La forme de ces salles sera celle d'un rectangle ou carré long, d'au moins quatre mètres de largeur sur dix mètres de longueur, pour cinquante enfants; d'au moins six mètres de largeur sur douze mètres de longueur, pour cent enfants, et d'au moins huit mètres de largeur sur seize à vingt mètres de longueur, pour deux cents à deux cent cinquante enfants.

Ce dernier nombre ne sera jamais dépassé.

Art. 3. A l'une des extrémités de la salle seront établies plusieurs rangées de gradins, au nombre de cinq au moins et de dix au plus, disposés de manière que tous les enfants puissent y être assis en même temps; il y sera pratiqué deux voies, l'une au milieu, l'autre au pourtour, afin de faciliter le classement et les mouvements des élèves et la circulation des maîtres et de leurs aides.

Art. 4. Des bancs fixés au plancher seront placés dans le reste de la salle, avec un espace vide au milieu pour les évolutions.

Devant les bancs seront des cercles peints sur le plancher, des porte-tableaux et des touches ; autour de la salle seront suspendus des tableaux de numération ou de caractères alphabétiques, et d'autres tableaux présentant les premiers et plus simples éléments de l'instruction primaire.

Art. 5. A côté de la salle d'exercices, il y aura un préau, en partie couvert et en partie découvert, d'une dimension au moins triple de la première salle.

Dans la partie découverte, dont on ménagera l'exposition de la manière la plus favorable à la santé des enfants, seront placés divers objets propres à servir de jeux.

Sous la partie couverte, il y aura des bancs qu'on pourra retirer et ranger à volonté.

Indépendamment de la partie couverte du préau, il y aura, autant qu'il sera possible, près de la salle d'exercices, une autre salle spécialement destinée aux repas, et servant de chauffoir pendant l'hiver; on y disposera des planches pour recevoir les paniers des enfants, des bancs mobiles, des écuelles et autres ustensiles nécessaires.

Art. 6. Les lieux d'aisance seront placés de telle sorte que la surveillance en soit très-facile.

§ 2. *Du mobilier.*

Art. 7. Le mobilier nécessaire aux salles d'asile comprend les objets ci-après énoncés : des champignons pour les casquettes, les vestes ou gilets, et les tabliers; des baquets ou jattes, des sébiles de bois ou des gobelets d'étain, des éponges et des serviettes, une fontaine, un poêle, deux lits de camp sans rideaux; une pendule, une clochette à main et une cloche suspendue; un sifflet ou signal pour les divers exercices de l'intérieur; des tableaux, des porte-tableaux et des touches, des ardoises et des crayons, une planche noire sur un chevalet, et des crayons blancs; un boulier-compteur ayant dix

rangées de dix boules chacune ; un ou plusieurs ca-
hiers et portefeuilles d'images, un cadre ou porte-
gravure pour placer l'image qu'on veut exposer aux
regards des enfants ; une armoire où seront gardés
les registres et les tableaux, ainsi que les matériaux
et les produits du travail manuel.

§ 3. *Du personnel des maîtres et de leurs aides.*

Art. 8. Indépendamment du surveillant ou de
la surveillante désignés par les articles 6, 7 et 8 de
l'ordonnance du 22 décembre 1837, il y aura toujours, quel que soit le nombre des enfants, une
femme de service dans chaque salle d'asile.

Art. 9. Lorsque le nombre des enfants s'élèvera
au-dessus de cent, il devra y avoir, outre la femme
de service, au moins deux personnes préposées à
la surveillance ; elles seront choisies et autorisées
par le recteur de l'académie, conformément aux
règles établies par le titre II de ladite ordonnance.

Art. 10. Les surveillants ou surveillantes des
salles d'asile communales, leurs aides ou autres
employés, ne recevront des familles aucun payement
ni rétribution, aucun cadeau ni offrande. Leur traitement leur sera remis directement par la caisse de
la commune ou par une autre caisse agréée de
l'autorité municipale.

§ 4. *De l'admission des enfants.*

Art. 11. Seront admis dans les salles d'asile les
enfants de l'âge de deux à six ans.

Au-dessous et au-dessus de cet âge, l'admission ne peut avoir lieu que sur l'autorisation formelle de la dame inspectrice de l'établissement.

Art. 12. Les parents doivent, avant l'admission, présenter au surveillant un certificat de médecin, constatant que leur enfant n'est atteint d'aucune maladie contagieuse, qu'il a été vacciné ou qu'il a eu la petite vérole.

Art. 13. Chaque jour, avant d'amener leurs enfants à l'asile, les parents leur laveront les mains et le visage, les peigneront et auront soin que leurs vêtements ne soient ni décousus, ni troués, ni déchirés.

Art. 14. Il sera tenu conformément au modèle n° 1, annexé au présent statut, un registre sur lequel seront inscrits, jour par jour, sous une même série de numéros, les noms et prénoms des enfants admis, les noms, demeures et professions des parents ou tuteurs, et les conventions relatives aux moyens d'amener ou de reconduire les enfants.

Art. 15. Les asiles seront accessibles aux enfants tous les jours de la semaine ; ils pourront même y être admis les jours fériés, pour des motifs graves dont la dame inspectrice sera juge. Néanmoins, les jours fériés, les salles d'exercices seront fermées et les préaux seuls demeureront ouverts, sous la garde de la femme de service ou d'une autre personne agréée par la dame inspectrice.

Art. 16. Conformément à ce qui se pratique pour les écoles primaires, soit de filles, soit de garçons, l'autorisation de tenir une salle d'asile ne donne que le droit de recevoir des externes ; une autorisation spéciale sera nécessaire pour y admettre des enfants à titre de pensionnaires ; cette autorisation spéciale ne pourra être accordée que par délibération du conseil royal sur la proposition du recteur de l'académie.

§ 5. *Du partage des heures de la journée.*

Art. 17. Les salles d'asile seront ouvertes :

Du 1er mars au 1er novembre, depuis sept heures du matin jusqu'à sept heures du soir.

Du 1er novembre au 1er mars, depuis huit heures du matin jusqu'à six heures du soir au plus tard.

Art. 18. Dans des cas d'urgence, sur lesquels il sera statué par la dame inspectrice, les surveillants devront même recevoir et garder les enfants, soit avant, soit après les heures ci-dessus déterminées.

Les conditions particulières auxquelles pourront donner lieu les soins extraordinaires que prendront alors les surveillants et surveillantes, seront également réglées par la dame inspectrice, qui en fera son rapport au comité local.

Art. 19. Les exercices d'enseignement ont lieu chaque jour de la semaine, pendant deux heures au moins et quatre heures au plus ; chacun de ces exercices ne dure jamais plus de dix à quinze minutes.

§ 6. *De l'inspection journalière.*

Art. 20. Les dames inspectrices ou leurs déléguées exerceront continuellement une surveillance maternelle envers les enfants recueillis dans les salles d'asile ; elles étudieront les dispositions des enfants ; elle dirigeront les surveillants et surveillantes dans l'exécution du plan d'éducation tracé par les règlements et les programmes.

Les visites auront lieu à diverses heures de la journée, de manière à rendre la dame inspectrice témoin des exercices et des récréations ; elles auront notamment pour objet la santé des enfants et les secours immédiats à distribuer aux enfants pauvres de l'asile.

Art. 21. Un médecin sera attaché à chaque asile, et devra le visiter au moins une fois par semaine ; il inscrira ses prescriptions sur un registre particulier conforme au modèle n° 2.

Art. 22. Dans chaque salle d'asile est déposé un registre conforme au modèle n° 3, sur lequel la dame inspectrice constatera le nombre des enfants présents, leurs occupations du moment et les observations qu'elle aura faites.

Ce même registre recevra les observations des personnes dénommées aux art. 24, 27 et 28 du présent statut.

Art. 23. Un tronc sera placé dans chaque asile ; la clef en sera confiée à la dame inspectrice. Les deniers déposés dans ce tronc, ainsi que tous les autres fonds qui seraient donnés spécialement pour l'asile, seront administrés au profit de l'établissement, conformément à l'art. 23 de l'ordonnance. L'argent sera employé à fournir des vêtements, soupes ou médicaments pour les enfants pauvres,

infirmes ou convalescents qui fréquentent l'asile ;
il pourra aussi être appliqué aux menues dépenses
qui seront jugées, nécessaires.

L'indication de l'emploi de ces recettes fera
partie du rapport trimestriel que les dames inspectrices feront au comité local de chaque commune, et, à Paris, au comité de chaque arrondissement municipal, conformément aux art. 24 et 25
de l'ordonnance.

§ 7. *De l'inspection des déléguées spéciales.*

Art. 24. Lorsque des fonds départementaux ou
communaux, régulièrement votés, auront assuré le
traitement d'une ou de plusieurs dames déléguées,
conformément à l'art. 26 de l'ordonnance du 22
décembre, le recteur de l'académie, après en avoir
conféré avec le préfet de chaque département du
ressort académique, fera connaître au ministre de
l'instruction publique les circonstances qui ren-
draient nécessaires la nomination de ces déléguées,
et il sera procédé à leur nomination, comme il est
dit à l'article précité.

Art. 25. Les visites des déléguées spéciales auront
pour principal objet, outre le rappel aux règlements,
qui appartient à toute personne investie du droit
d'inspection :

1° Le détail des dépenses, le bon emploi des
fonds que le département ou la ville aura affectés
au service des salles d'asile, et généralement le régime économique ;

2° La pratique des méthodes et des exercices adoptés conformément à l'ordonnance ;

3° La surveillance disciplinaire à l'égard des maîtres et maîtresses et de leurs aides.

Art. 26. La dame déléguée spéciale devra exercer ses fonctions habituellement et sans mandat formel ; elle inspectera, suivant la nature et l'étendue de son titre, toutes les salles d'asile du département, de l'arrondissement ou de la commune ; elle adressera ses rapports sur chaque asile au maire de la commune, et, à Paris, au préfet de la Seine, pour ce qui touche le régime économique, aux comités locaux et d'arrondissement, pour ce qui concerne la discipline et les méthodes.

Elle communiquera ses observations à la dame inspectrice sur tout ce qui intéressera la santé des enfants et les soins physiques et moraux qui doivent leur être donnés.

§ 8. *De la déléguée générale.*

Art. 27. Les fonctions de la dame inspectrice permanente, nommée, en vertu de l'art. 27 de l'ordonnance, déléguée générale pour les salles d'asile, s'exerceront à l'égard de tous les asiles de France, d'après une mission, soit du président de la commission supérieure, soit du ministre même de l'instruction publique.

Tous les asiles devront être ouverts à la déléguée générale ; elle ne pourra rien ordonner ni rien prescrire ; mais elle examinera les divers établissements sous tous les rapports, se fera donner, par

les surveillants et par les diverses autorités préposées aux salles d'asile, tous les renseignements nécessaires sur chacun de ces établissements, et s'as-
surera si les règlements sont exactement suivis ;
elle recueillera ensuite ses observations, et adressera à la commission supérieure d'abord un rapport
séparé sur chaque asile, et en définitive, un rapport
général sur tous les établissements que sa mission
aura dû comprendre.

Ces divers rapports seront l'objet des délibérations de la commission supérieure, et, s'il y a lieu,
donneront naissance à des dispositions règlemen-
taires, soit pour un ou plusieurs asiles, soit pour
tous les asiles du royaume.

§ 9. *Des autres inspections.*

Art. 28. Indépendamment de l'inspection journalière des dames inspectrices et de leurs déléguées,
de l'inspection habituelle de la déléguée spéciale et
de l'inspection annuelle de la déléguée générale,
les salles d'asile seront soumises, conformément
aux art. 18 et 28 de l'ordonnance, à l'inspection
ordinaire, 1° des comités locaux et d'arrondissement, et, à Paris, du comité central ; 2° des inspecteurs et des sous-inspecteurs de l'instruction
primaire ; 3° des inspecteurs d'académie.

Les recteurs des académies et les inspecteurs
généraux de l'université devront aussi comprendre
dans leurs tournées les établissements de cette
nature qui mériteront une attention particulière.

Le président et les membres de la commission

supérieure pourront à tout instant exercer dans tous les asiles ce même droit d'inspection, et adresser au ministre de l'instruction publique leurs observations sur tous et chacun de ces établissements.

Art. 29. Aux termes des art. 21, 22 et 29 de l'ordonnance du 22 décembre 1837, les membres des comités d'arrondissement, et, à Paris, du comité central, pourront provoquer, auprès des commissions d'examen, le retrait du brevet d'aptitude de tout surveillant ou de toute surveillante dont les habitudes, les procédés et le caractère ne seraient pas conformes à l'esprit de l'institution; ils pourront de même, en cas d'urgence, suspendre provisoirement lesdits surveillants et surveillantes, en rendant compte sur-le-champ de cette suspension et de leurs motifs au maire de la commune, et, à Paris, au maire de l'arrondissement.

Art. 30. Toutes les fois que les asiles seront visités par quelqu'un des fonctionnaires dénommés aux art. 20 et suivants du présent statut, les surveillants et surveillantes devront exhiber les registres de l'établissement, et répondre avec la plus grande exactitude aux questions qui leur seront adressées.

Art. 31. Les surveillants et surveillantes qui contreviendraient aux dispositions de l'article précédent pourront être punis pour cette contravention, conformément aux art. 21, § 2 et 3, et 22 de l'ordonnance.

Art. 32. Les surveillants ou surveillantes à qui le brevet d'aptitude ou l'autorisation auront été retirés en exécution des art. 18 et 22 de l'ordonnance, pourront se pourvoir devant le ministre de l'instruction publique en conseil royal, conformément à l'art. 23 de la loi du 28 juin 1833, § 2 et 3[1].

§ 10. *Des visites du public.*

Art. 33. Les surveillants et surveillantes des salles d'asile sont autorisés à recevoir les visites des personnes qui désirent assister à quelques-uns des exercices.

Ils pourront néanmoins se refuser à recevoir ces visites lorsqu'elles leur paraîtront présenter quelque inconvénient pour la bonne tenue de l'asile,

1. Art. 23. En cas de négligence habituelle ou de faute grave de l'instituteur communal, le comité d'arrondissement, ou d'office, ou sur la plainte adressée par le comité communal, mande l'instituteur inculpé ; après l'avoir entendu ou dûment appelé, il le réprimande ou le suspend pour un mois avec ou sans privation de traitement, ou même le révoque de ses fonctions.

L'instituteur frappé d'une révocation pourra se pourvoir devant le ministre de l'instruction publique , en conseil royal. Ce pourvoi devra être formé dans le délai d'un mois à partir de la notification de la décision du comité, de laquelle notification il sera dressé procès-verbal par le maire de la commune. Toutefois, la décision du comité est exécutoire par provision.

Pendant la suspension de l'instituteur , son traitement, s'il en est privé, sera laissé à la disposition du conseil municipal, pour être alloué, s'il y a lieu, à un instituteur remplaçant.

et ils devront, dans ce cas, en référer soit à la dame inspectrice, soit à la déléguée spéciale, soit enfin au maire de la commune ou de l'arrondissement municipal.

Art. 34. Les surveillants et surveillantes, dans leur charitable sollicitude pour les enfants pauvres, se feront un devoir d'inviter les visiteurs à déposer leurs offrandes dans le tronc placé à l'entrée de l'asile.

S'il est fait quelque don à découvert, il sera mentionné à l'instant sur le registre spécial dit des *visiteurs*, et sur le registre de la dame inspectrice, en présence du donateur ; et l'emploi en sera fait, ou selon la destination qui aurait été indiqué, ou, à défaut d'indication particulière, dans les termes de l'art. 23 du présent statut.

Art. 35. Lorsqu'une personne aspirant aux fonctions de surveillant ou de surveillante désirera suivre habituellement les exercices pratiqués dans une salle d'asile, et les pratiquer elle-même à titre d'essai et d'étude, la dame inspectrice pourra donner l'autorisation d'assister auxdits exercices.

La dame inspectrice pourra retirer ou modifier cette autorisation, selon qu'elle le jugera convenable.

§ 11. *De la tenue des registres.*

Art. 36. Il doit être tenu, dans chaque salle d'asile, cinq registres, savoir :

1° Le registre matricule prescrit par l'art. 14 pour inscrire les admissions ;

2° Le livre du médecin, prescrit par l'art. 21 ;

3° Le registre des inspections, mentionné dans l'art. 22 ;

4° Le registre des visiteurs, indiqué dans l'art. 34;

5° Le livre des recettes et dépenses.

TITRE II.

Des soins qui doivent être donnés aux enfants.

Art. 37. Les salles et préaux doivent être nettoyés et balayés tous les matins, une demi-heure avant l'arrivée des enfants.

Art. 38. A l'heure indiquée pour l'arrivée des enfants, le surveillant ou la surveillante doit les recevoir, faire sur chacun d'eux l'inspection de propreté ; examiner, sous le rapport de la quantité et de la salubrité, les aliments qu'ils apportent, exiger la remise du panier sur les planches disposées à cet effet, et sur tout cela adresser aux parents ou tuteurs les observations convenables.

L'enfant amené dans un état de maladie ne sera pas reçu ; il sera, selon les circonstances, ramené par ses parents, ou dirigé aussitôt vers la demeure du médecin.

Art. 39. Les surveillants et les femmes de service, pénétrés de la sainteté du dépôt qui leur est confié dans la personne de ces petits enfants, doivent s'attacher de cœur et d'âme à remplir leur mission avec une douceur inaltérable et une patience toute chrétienne.

Les enfants ne doivent jamais être frappés. La dame inspectrice veille avec le plus grand soin à ce qu'il ne soit jamais infligé de punitions trop longues ou trop rudes.

Art. 40. Le surveillant ou la surveillante doivent toujours être présents aux exercices et aux récréations ; ils doivent se maintenir en possession d'obtenir, à tout instant et au premier signal convenu, un silence immédiat et complet.

Art. 41. Tous les soins de propreté et d'hygiène nécessaires à la santé des enfants seront immédiatement donnés par les surveillants et surveillantes ; les enfants qui se trouveraient fatigués ou incommodés seront déposés sur le lit de camp ou dans le logement du surveillant, jusqu'à ce qu'on puisse les rendre à leur famille.

Art. 42. Les mouvements des enfants et les jeux appropriés à leur âge seront dirigés et surveillés de manière à prévenir toutes les disputes et tous les accidents fâcheux. Le sol du préau sera toujours garni d'une forte couche de sable.

Art. 43. Les heures de récréation offrent à des surveillants attentifs et intelligents des occasions continuelles d'instructions et de remontrances relativement à la propreté, à la tenue, à la politesse. Les mille petits incidents de chaque journée peuvent servir de texte à d'utiles leçons qui ne s'oublieront jamais et qui porteront dans la suite les plus heureux fruits.

Art. 44. Le surveillant doit constater chaque jour les absences et les présences, non en faisant subir un appel à des enfants si jeunes, mais en lisant tous les noms inscrits sur le registre matricule et se faisant aider dans ses observations par la femme de service et par quelques-uns des enfants les plus âgés.

Art. 45. Lorsque, après la dernière heure de classe ou de récréation, les enfants, malgré les représentations les plus instantes faites habituellement aux parents ou tuteurs, ne sont pas immédiatement repris par leurs familles, les surveillants et surveillantes doivent les retenir, afin qu'ils ne soient pas exposés à se trouver seuls dans les rues, et, en conséquence, continuer leurs soins jusqu'à ce que chaque enfant soit remis en mains sûres.

Si les parents, après avoir été dûment avertis, retombent dans la même négligence, la dame inspectrice pourra autoriser le surveillant à ne plus admettre l'enfant à la salle d'asile.

Art. 46. En cas d'absences réitérées d'un enfant, sans motif connu d'avance, le surveillant s'informera des causes qui auront pu occasionner cette absence et en tiendra note pour en instruire la dame inspectrice.

Art. 47. Le dimanche et les autres jours fériés, les surveillants et surveillantes devront, si les parents le désirent, réunir les enfants les plus avancés à la salle d'asile pour les conduire à l'office divin.

Il conviendrait aussi que, dans ces mêmes jours, les surveillants visitent ceux des élèves qui seraient malades, causent avec les parents du caractère et de la conduite de leurs enfants, des défauts et des fautes qui méritent leur attention particulière ;

s'entretiennent, avec le maire de la commune et avec les personnes bienfaisantes, des besoins les plus pressants de certains enfants ou de l'établissement même.

TITRE III.

Des exercices pratiqués dans les salles d'asile.

Art. 48. Il y a dans les salles d'asile trois sortes d'exercices, qui ont pour objet le développement physique, moral ou intellectuel des enfants confiés à ces établissements.

Art. 49. Les exercices corporels consistent principalement dans des jeux variés et proportionnés à l'âge des enfants, et dans les mouvements auxquels donnent lieu les diverses leçons indiquées par les règlements.

Art. 50. Les exercices moraux tendront constamment à inspirer aux enfants un profond sentiment d'amour et de reconnaissance envers Dieu ; à leur faire connaître et pratiquer leurs devoirs envers leurs pères et mères, envers leurs maîtres et tous leurs supérieurs ; à les rendre doux, polis et honnêtes dans leurs relations avec leurs camarades, et en général avec les autres hommes.

Cette instruction morale et religieuse sera donnée, non par de longues allocutions, mais par de bonnes paroles dites à propos, par de courtes réflexions mêlées aux récits les plus touchants tirés de l'histoire sainte et des autres livres désignés par l'autorité compétente, et surtout par des exemples constants de charité, de patience et de piété sincère.

Art. 51. Les exercices d'enseignement seront exactement renfermés dans les limites de l'instruction la plus élémentaire, telle qu'elle est déterminée par l'art. 1ᵉʳ, § 2, de l'ordonnance du 22 décembre 1837.

Art. 52. Il sera statué, par des règlements spéciaux pour les asiles de chaque département, sur le détail de l'emploi de toutes les heures de la journée et sur la répartition des divers objets d'enseignement.

Les recteurs recueilleront les programmes qui ont été suivis jusqu'à présent dans les asiles actuellement établis, et, après avoir pris l'avis des comités d'arrondissement, ils adresseront leurs propositions au ministre de l'instruction publique, pour être examinées en conseil royal.

Arrêté du conseil royal de l'instruction publique, approuvé par le ministre, autorisant les recteurs à accorder des permissions provisoires d'exercer les fonctions de surveillants ou surveillantes de salles d'asile (29 juin 1838).

Le conseil,

Sur le rapport de M. le conseiller chargé des écoles primaires,

Arrête ce qui suit :

Les recteurs chargés, par l'ordonnance du 22 décembre 1837, de délivrer les autorisations nécessaires pour exercer dans un lieu déterminé les fonctions de surveillants ou surveillantes des salles d'asile, pourront, après avoir pris l'avis du comité local et du comité d'arrondissement, et après s'être assurés que les candidats remplissent les conditions de zèle, de bonne conduite et de principes moraux et religieux, accorder des autorisations provisoires à des personnes qui n'auraient pas encore obtenu le certificat d'aptitude exigé par l'art. 8, § 2, de ladite ordonnance.

Lesdites autorisations ne seront valables que pour une année, et elles ne. pourront être renouvelées que sur un avis favorable du comité d'arrondissement, ou, à Paris, du comité central.

Arrêté du conseil royal de l'instruction publique, approuvé par le ministre, relatif aux examens d'aptitude pour les directeurs et directrices de salles d'asile (10 juillet 1838).

Le conseil,

Vu l'ordonnance du 22 décembre 1837 sur les salles d'asile et le programme des examens d'aptitude arrêté en conseil royal le 6 février 1838 ;

Après avoir pris connaissance des propositions faites par la commission supérieure des salles d'asile relativement aux précautions à prendre pour prévenir les suppositions de personnes dans les examens qu'ont à subir les aspirants aux fonctions de surveillants ou de surveillantes des salles d'asile ;

Sur le rapport de M. le conseiller, président de ladite commission supérieure ;

Arrête ce qui suit :

Art. 1er. Il y aura au secrétariat de chaque commission d'examen un registre coté et paraphé par le président de la commission, sur lequel toute personne aspirant aux fonctions de surveillant ou surveillante des salles d'asile inscrira ses nom et prénoms, le lieu et la date de sa naissance, le lieu de son domicile et la déclaration qu'elle est dans l'intention de se présenter aux examens prescrits par le programme du 6 février 1838.

Art. 2. Lorsque l'examen d'instruction sera terminé, s'il y a lieu à la délivrance du certificat d'aptitude, le candidat écrira au bas dudit certificat les mots qui suivent : *Le présent certificat a été remis à moi soussigné (nom et prénoms), ce-jourd'hui (jour, mois et an)* ; et il apposera sa signature, en indiquant son domicile.

Art. 3. Le président de la commission comparera ce récépissé avec l'inscription mise sur le registre spécial, et, s'il reconnaît qu'il y a identité d'écriture, si d'ailleurs aucune circonstance ne lui donne lieu de douter de l'identité de la personne, il délivrera le certificat. En cas de doute, il le retiendra, biffera le récépissé, et enverra les pièces au recteur de l'académie, qui en référera au ministre.

Arrêté du conseil royal de l'instruction publique, approuvé par le ministre, relatif aux examens des aspirants aux fonctions de surveillant et surveillantes de salles d'asile (28 décembre 1838).

Le conseil,

Ouï le rapport duquel il résulte que, pendant la dernière session de 1836, la commission d'instruction primaire de la Seine, chargée de délivrer les brevets de capacité pour l'enseignement primaire élémentaire et supérieur, a été informée que de nouvelles tentatives de substitution de personnes avaient été faites par quelques candidats ;

Arrête :

1° Au moment de l'examen des aspirants au brevet de capacité et au moment de la délivrance de ce brevet, l'identité sera certifiée par deux notables pris parmi les fonctionnaires publics ou les chefs d'institution et maîtres de pension.

2° Les mêmes mesures seront prises au moment des examens et de la délivrance des certificats d'aptitude pour les salles d'asile.

Jules Delalain, imprimeur de l'université, rue des Mathurins St-Jacques, 5, à Paris.

www.ingramcontent.com/pod-product-compliance
Lightning Source LLC
Chambersburg PA
CBHW051344050726
47595CB00006B/2391